L'ÉCOLE DE LA SAGESSE

OU

NOUVELLES MORALES

Tirées des Fables de LA FONTAINE

Et appropriées aux usages de la vie.

OUVRAGE UTILE A LA JEUNESSE

Et aux personnes qui veulent connaître le bon sens pratique
des Fables de LA FONTAINE,

PAR J.-T. T***.

CHEZ TOUS LES LIBRAIRES.

RENNES,

TYPOGRAPHIE OBERTHUR ET FILS, RUE IMPÉRIALE, 8, ET FAUBOURG DE PARIS, 20.

—

1867.

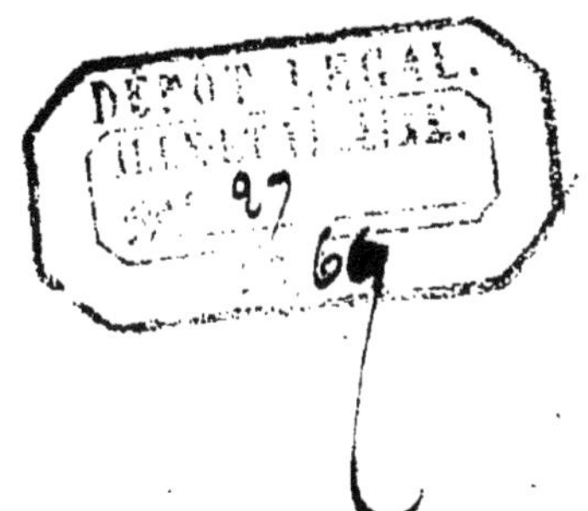

L'ÉCOLE DE LA SAGESSE

OU

NOUVELLES MORALES

Tirées des Fables de LA FONTAINE

Et appropriées aux usages de la vie.

L'ÉCOLE DE LA SAGESSE

OU

NOUVELLES MORALES

Tirées des Fables de LA FONTAINE

Et appropriées aux usages de la vie.

OUVRAGE UTILE A LA JEUNESSE

Et aux personnes qui veulent connaître le bon sens pratique
des Fables de LA FONTAINE,

Par J.-T. T***.

CHEZ TOUS LES LIBRAIRES.

RENNES,

TYPOGRAPHIE OBERTHUR ET FILS, RUE IMPÉRIALE, 8, ET FAUBOURG DE PARIS, 20.

1867.

L'ÉCOLE DE LA SAGESSE

OU

NOUVELLES MORALES

Tirées des Fables de La Fontaine

ET APPROPRIÉES AUX USAGES DE LA VIE.

***

LIVRE Ier.

LA CIGALE ET LA FOURMI.

La cigale est folâtre et sans expérience,
Elle se laisse aller à des loisirs trompeurs :
Dans l'été de la vie, ayons de la prudence,
 Créons-nous l'abondance,
Pour ne pas essuyer le refus des prêteurs.

LIVRE Ier (FABLE 2).

LE CORBEAU ET LE RENARD.

Que de corbeaux encor chaque jour sont la dupe
De ces renards malins qu'on appelle flatteurs :
Il en est sous l'habit, il en est sous la jupe ;
Craignons, si m'en croyez, leurs propos séducteurs.

LIVRE Ier (FABLE 3).

LA GRENOUILLE QUI VEUT SE FAIRE AUSSI GROSSE QUE LE BŒUF.

Ce désir d'imiter les gros et grands seigneurs
Aujourd'hui se répand plus qu'il ne devrait faire ;
On voit beaucoup de gens, à fortune légère,
Vouloir, quoi qu'il en soit, imiter les grandeurs.

Mais de suivre un tel train leur prébende se lasse ;
Ils deviennent gens besoigneux,
On vend tous leurs biens sous leurs yeux,
Et, comme la grenouille, ils ont crevé sur place !

LIVRE Ier (FABLE 4).

LES DEUX MULETS.

Les honneurs, la richesse et tout leur étalage
N'ont pas ce calme heureux que goûte le berger ;
Loin du monde, ignoré, tranquille vit le sage,
Tandis que l'opulent vit toujours en danger.

LIVRE Ier (FABLE 5).

LE LOUP ET LE CHIEN.

Ce loup parlait en loup ; il agissait de même ;
Pour gens bien éclairés sa sottise est extrême.
Quoi ! pour si peu de chose, avoir bon entretien,
Être si bien nourri, tout en ne faisant rien !
Être choyé pour sa paresse,
Avoir du maître la caresse,
Pour lui donner la patte et faire doux regard,
Pour garder le logis contre gibier de hart.
A mon avis, ce loup n'était qu'un drôle ;
S'il ne gardait les bois, je le mettrais en geôle.

LIVRE Ier (FABLE 6).

LA GÉNISSE, LA CHÈVRE ET LA BREBIS
EN SOCIÉTÉ AVEC LE LION.

Gardez-vous bien toujours de vous associer
Avec l'homme puissant dont l'âme est scélérate
Et la parole ingrate ;
De ces sortes de gens on doit se méfier.
Ils veulent, en tous points, avoir tous avantages.
Quand enfin avec eux il vous faut partager,
Ils prennent tout le bon, vous laissent les dommages,
Et, si vous contestez, ce n'est pas sans danger !

LIVRE Ⅰ^{er} (FABLE 7).

LA BESACE.

Lorsqu'on blâme un défaut ou qu'on critique un vice,
Rentrons bien en nous-même et rendons-nous certain
    Que nous n'en sommes pas atteint;
Pendant longtemps il faut se traiter en novice.
Le cœur le mieux doué, l'esprit le plus parfait
    Doit craindre, quoiqu'il fasse,
    De porter la double besace :
    On se corrige, et tout est fait!

LIVRE Ⅰ^{er} (FABLÉ 8).

L'HIRONDELLE ET LES PETITS OISEAUX.

    De nos parents la sage expérience
Ne peut nous détourner de nos malheurs prévus,
    Et ce n'est que dans la souffrance
Que nous pleurons des maux dès longtemps entrevus :
N'eussions-nous pas mieux fait d'écouter leur prudence?

LIVRE Ⅰ^{er} (FABLE 9).

LE RAT DE VILLE ET LE RAT DES CHAMPS.

    Que sont pour nos existences
    Riches tapis, bons morceaux,
    S'il faut gruger, dans les transes,
    Des ortolans, des vanneaux.

    Bien mieux vaut de la nature
    Goûter les sacrés bienfaits,
    Avoir la conscience pure
    En mets simples et vin frais.

LIVRE Ⅰ^{er} (FABLE 10).

LE LOUP ET L'AGNEAU.

Des forfaits d'ici-bas cette fable est l'image ;
Sachons flétrir au moins cet atroce langage.

Ce loup, c'est le méchant qui, cruel et glouton,
Repousse les accents du faible qui l'implore ;
L'injustice est affreuse et partout on l'abhorre ;
Pour vivre honnête, heureux, avant tout, soyons bon.

LIVRE Ier (FABLE 11).

L'HOMME ET SON IMAGE.

Ce n'est pas tout de se bien voir,
Il faut encor se bien connaître ;
Je donnerais beaucoup pour avoir un miroir
Exprimant mes défauts et les faisant paraître
Tous, si nombreux qu'ils soient, et sans déguisement ;
Se corriger serait l'affaire d'un moment.
Hélas ! l'homme apprend tout, tout, excepté lui-même ;
C'est pour cela qu'il vit dans un désordre extrême.

LIVRE Ier (FABLE 13).

LES VOLEURS ET L'ANE.

Il est toujours mal de se battre,
Mais surtout pour des biens mal acquis entre tous ;
Gâgnons honnêtement des biens qui soient à nous,
Et laissons les méchants dans le mal se débattre :
Le temps leur fera voir qu'ils ne sont que des fous.

LIVRE Ier (FABLE 14).

SIMONIDE PRÉSERVÉ PAR LES DIEUX.

O noble art du poëte ! Art fécond et sublime
Qui touchez les grands cœurs, méritez leur estime !
Vous dont l'esprit divin, inspiré, gracieux,
Entretient ici bas commerce avec les cieux,
Ranimez vos accents, ne quittez pas la terre ;
Faites monter les cœurs vers la sublime sphére !
Vos vœux seront du Ciel tôt ou tard entendus,
Si vous chantez les arts, la gloire et les vertus !

LIVRE Ier (FABLE 15).

LA MORT ET LE MALHEUREUX.

Quel que soit notre sort, la mort paraît affreuse;
Le plus infortuné tremble devant ce pas.
Vivons bien dans l'espoir de cette vie heureuse,
Qui doit luire pour nous au-delà du trépas.

LIVRE Ier (FABLE 16).

LA MORT ET LE BUCHERON.

L'âme forte s'épure au contact des douleurs,
Elle brille et grandit en gardant l'espérance :
Mais parfois l'aiguillon de l'austère souffrance
Lui fait trop ressentir l'excès de ses malheurs;
Elle s'élève alors, dans sa ferme constance.
La vie, oui l'âpre vie est une jouissance :
Tout son être rayonne en son destin amer;
Que sait-il donc celui qui n'a jamais souffert?

LIVRE Ier (FABLE 17).

L'HOMME ENTRE DEUX AGES ET SES DEUX MAITRESSES.

Si d'entrer en mariage,
Vous concevez le désir,
N'allez donc pas vous offrir
A des femmes de tout âge ;

Choisissez une beauté
Qui soit bonne, honnête et sage,
Sincère dans son langage,
Sans fard, ni duplicité.

LIVRE Ier (FABLE 18).

LE RENARD ET LA CIGOGNE.

Le monde est plein de ces mauvais plaisants,
Esprits fâcheux et remplis d'artifice.

Prêts à jouer les tours les plus cuisants
Au cœur trop franc qui ne sait leur malice.
Mais quelquefois leurs faits leur sont rendus,
Et tout le monde alors raille et les berne,
En les voyant bafoués, confondus,
Chacun leur met du foin dans la giberne.
　　Un homme bon et qui bien les connaît
Pour son repos, les évite et les hait.

LIVRE Ier (FABLE 19).

L'ENFANT ET LE MAITRE D'ÉCOLE.

Certaines gens, en toute occasion,
Prennent plaisir à montrer leur sagesse,
Quand se présente une urgente détresse,
Ils trouvent lieu de faire un long sermon.
Long sermonner ne paraît nécessaire
Au malheureux qui bientôt va périr ;
Portez secours, puis avis salutaire,
Et ce sera doublement le guérir.

LIVRE Ier (FABLE 20).

LE COQ ET LA PERLE.

Chacun recherche, ici-bas,
Ce qu'il lui croit nécessaire :
L'obéré l'or qu'il n'a pas,
Des rubis le lapidaire ;

Le sportman de bons coursiers,
La coquette des dentelles,
L'armurier de bons aciers,
Naïs de riches ombrelles,

Et l'indigent, dans sa faim,
A tous demande du pain.

LIVRE Ier (FABLE 21).

LES FRÊLONS ET LES MOUCHES A MIEL.

Frêlons, gens paresseux, sans bonté ni morale,
Votre paresse à tous est sujet de scandale.

La lumière se fait et vous verrez enfin
Qu'il faudra travailler ou bien mourir de faim.

Qui fait mauvais procès, en ruine détale.

LIVRE Ier (FABLE 22).

LE CHÊNE ET LE ROSEAU.

Le sage qui, sur lui, voit fondre la tempête,
N'écoute pas la voix d'un orgueil insensé :
Sous les vents déchaînés, il incline la tête ;
    Il plie et n'est pas renversé.

LIVRE II (FABLE 3).

LE LOUP PLAIDANT CONTRE LE RENARD
PAR DEVANT LE SINGE.

Si ces plaideurs n'avaient mauvaise foi robuste,
L'arrêt, ainsi fondé, nous paraîtrait injuste :
Ceci nous montre à tous, qu'en mainte occasion,
Ce qui nous sauve ou perd, c'est bien l'opinion ;
Que triste renommée est toujours importune,
Et que mauvaise foi fait mauvaise fortune.

LIVRE II (FABLE 4).

LES DEUX TAUREAUX ET LA GRENOUILLE.

N'en médisons pas trop ; les grands ont leur mérite.
Pour soutenir l'Etat, ils sont aux premiers rangs ;
Ils défendent nos biens contre les conquérants.
    Lorsque tous les grands sont en fuite,
    Des petits la joie est petite.

LIVRE II (FABLE 5).

LA CHAUVE-SOURIS ET LES DEUX BELETTES.

Ces travestissements ne sont plus de saison ;
Ils sont partout honnis, et l'on a bien raison

De ne pas aimer le parjure.
Quels que soient nos revers, quels que soient nos succès,
En face des périls, qu'on se dise Français :
    C'est bien plus beau je vous l'assure !

LIVRE II (FABLE 6).

L'OISEAU BLESSÉ D'UNE FLÈCHE.

Le fer perce le cœur : c'est l'homme qui le fait,
Et plus d'un de ses arts sert à quelque forfait ;
Il n'est pas toujours bon, même dans la harangue :
Le plus grand mal qu'il fait, il le fait par la langue :
Médisance, âcreté, sottise, vains propos,
Hélas ! ont entre nous de trop nombreux échos.
Puisque des maux nombreux tendent à tout détruire,
Tâchons de nous aider et non pas de nous nuire.

LIVRE II (FABLE 8).

L'AIGLE ET L'ESCARGOT.

Plusieurs enseignements sortent de cette fable ;
Tâchons d'en conserver un souvenir durable.
Cet apologue est fait pour montrer au puissant
Qu'il ne faut repousser la voix d'un innocent ;
Que les faibles entr'eux bonne amitié conservent,
Qu'un ennemi nuit plus que cent amis ne servent.
    Cette fable démontre aussi,
Qu'en ce monde, il n'est pas de petit ennemi.

LIVRE II (FABLE 9).

LE LION ET LE MOUCHERON.

Gardez-vous d'irriter un petit ennemi,
    Car une petite âme,
    Quand le dépit l'enflamme,
Peut se venger sur vous et non pas à demi ;
Quelqu'infime qu'il soit, n'allez pas en médire ;
Un sot même a toujours assez d'esprit pour nuire.

LIVRE II (FABLE 10).

L'ANE CHARGÉ D'ÉPONGES ET L'ANE CHARGÉ DE SEL.

En ce monde, chacun a ses peines diverses,
L'un paraît surchargé, l'autre ne porter rien ;
Mais, comme la fortune a ses heurs et traverses,
Elle a bientôt changé tant le mal que le bien,
Et malheur à celui qui n'a point de soutien !
Pour tout égaliser, tâchons de faire en sorte
Que nos humbles voisins ne soient pas surchargés ;
S'ils souffrent sous le faix, prêtons leur tous main-forte ;
A notre tour, par eux, nous serons soulagés.

LIVRE II (FABLE 11).

LE LION ET LE RAT.

Faisons toujours le bien, quel que soit notre rang,
Notre bonheur futur quelquefois en dépend :
Tel grand, dans sa bonté, faisant un sacrifice,
Secourt le malheureux qu'il voyait abattu,
Qui reçoit tôt ou tard un signalé service
De la part d'un bon cœur qu'honore la vertu.

LIVRE II (FABLE 12).

LA COLOMBE ET LA FOURMI.

S'il est beau d'obliger les grands,
Qui parfois sont ingrats (plus qu'ils ne devraient l'être)
Entre petits, entre parents,
Sachons aussi nous reconnaître.
Un bienfait accompli, pour si petit qu'il soit,
Nous est rendu souvent et même par surcroît.

LIVRE II (FABLE 13).

L'ASTROLOGUE QUI SE LAISSE TOMBER DANS UN PUITS.

Ces gens-là ne sont pas plus rares de nos jours ;
Au village on les voit, on entend leurs discours.

Notre monde est rempli de ces faux astrologues
Dont les propos férus ne sont que vains prologues.
En toute occasion, ils mêlent leurs débats ;
Ils disent qu'ils sont nés pour régir des Etats,
Que leurs nombreux talents sont partout nécessaires ;
Tandis qu'en tout, chez eux, ils font mal leurs affaires.
Loin de monter si haut, qu'ils voient mieux à leurs pas.

LIVRE II (FABLE 14).

LE LIÈVRE ET LES GRENOUILLES.

Un courage très-fort gît dans la conscience ;
Soyons honnête et pur, nous aurons confiance.
Faisons bien et gardons toujours quelque fierté ;
Un cœur bon et loyal a bien sa dignité !
Une crainte incessante, une terreur fébrile
Ne peuvent convenir qu'à l'esprit imbécile.

LIVRE II (FABLE 15).

LE COQ ET LE RENARD.

Pour cette fois, le coq du renard put bien rire ;
Mais depuis, le fripon s'est vengé sans rien dire.
Méfions-nous toujours de tout propos flatteur
Que peut nous adresser un méchant suborneur.
S'il nous voit assurés, il cherche à nous surprendre ;
Mais nous, gardons-nous bien de nous y laisser prendre.

LIVRE II (FABLE 16).

LE CORBEAU VOULANT IMITER L'AIGLE.

Si nous voyons tant de malheurs,
Tant de revers, tant de ruines,
C'est que les plus petits imitent les grandeurs.
Au lieu d'aller à pied, Gros-Jean veut des berlines.
Tâchons donc de nous maintenir
Selon notre humble état, faisons-y nos affaires ;
Soyons sensés, prudents, et n'allons pas grossir
Le nombre des fous téméraires.

LIVRE II (FABLE 17).

LE PAON SE PLAIGNANT A JUNON.

La nature à chacun donne des qualités,
Mais ces qualités sont diverses :
On voit, sous beaux dehors, des natures perverses
Qui s'attirent parfois reproches mérités.
Au lieu de gémir et nous plaindre,
Afin d'éviter ce danger,
Songeons donc à nous corriger ;
A force de travail, à tout on peut atteindre :
D'heureux talents acquis nous feront mieux juger.

LIVRE II (FABLE 18).

LA CHATTE MÉTAMORPHOSÉE EN FEMME.

Si l'habitude a sur nous
Un irrésistible empire,
Au jeune âge, attachez-vous
Au bien que le ciel inspire,

Fuyez les mauvais penchants,
Aimez la vertu sincère ;
Tenez-vous loin des méchants,
Appliquez-vous à bien faire.

LIVRE II (FABLE 19).

LE LION ET L'ANE CHASSANT.

Le propos goguenard de monsieur le lion
Est bien celui que tient, en telle occasion,
Tel grand qui, pour son but, se sert d'un pauvre hère,
Et surtout s'il s'agit d'une douteuse affaire,
Après avoir bien fait, bien couru, bien crié
Et s'être bien égosillé,
Remplissant au mieux son message,
Quand l'homme fait valoir les services rendus,
Ses travaux, ses soins assidus ;
D'un ton moqueur, l'important personnage
Le paie avec un persifflage.

LIVRE II (FABLE 20).

TESTAMENT EXPLIQUÉ PAR ÉSOPE.

Je retiens cette fable, elle a son importance,
Elle vaut un trésor pour sa rare prudence ;
Elle prouve que loin de donner aux enfants
Tout ce qui peut flatter leurs attraits, leurs penchants,
Tout au contraire, il faut, pour comprimer leurs vices,
Les forcer d'accomplir de constants sacrifices.
Pouvoir vivre de tout et se passer de tout,
C'est bien là ce qui fait l'homme sage à mon goût.
Et nous tous, grands enfants, pour quelque soit notre âge,
N'avons-nous pas toujours besoin de vivre en sage ?
Ce qui fait nos défauts c'est la facilité
De pouvoir tout donner à notre volonté.
Si nous ne pouvons pas, en bonne conscience,
Réprimer nos défauts (nous savons leur constance)
Au moins, tenons-nous loin de toute occasion,
Ils s'évanouiront comme une illusion.

LIVRE III (FABLE 1).

LE MEUNIER, SON FILS ET L'ANE.

Trop souvent nous faisons dépendre
Notre sort du qu'en dira-t-on ;
Même le plus sensé ne sait pas s'en défendre
Et sacrifie, à tort, ses goûts et sa raison,
Changeant tous ses desseins, pour mieux lui condescendre.
Consultons la sagesse et nos meilleurs penchants,
D'un bon sens éclairé suivons le doux empire,
Et sans nous soucier des sots ou des méchants,
Pour devise adoptons : « Bien faire et laisser dire ! »

LIVRE III (FABLE 2).

LES MEMBRES ET L'ESTOMAC.

Le peuple ne sait pas les travaux et la peine
Que recèle souvent la grandeur souveraine ;

Les tracas, les soucis et les combinaisons
D'un esprit vaste et clair sondant les horizons.
Tout repose sur lui, bien-être et congiaire ;
Mais, bien faire pour tous n'est pas petite affaire !

LIVRE III (FABLE 3).

LE LOUP DEVENU BERGER.

Ne vaudrait-il pas mieux avoir bonne nature,
    Et n'être ni renard ni loup ?
    Agir en brave créature ?...
On serait plus heureux, je le crois, pour le coup.

LIVRE III (FABLE 4).

LES GRENOUILLES QUI DEMANDENT UN ROI.

Lorsque l'on est heureux sous un gouvernement,
Savoir s'en contenter c'est faire sagement.

LIVRE III (FABLE 5).

LE RENARD ET LE BOUC.

Nous voyons trop souvent des gens de cette sorte
Avec un homme simple ayant société ;
    Au contingent chacun apporte
    Sa part de mutualité.
Les premiers temps sont bons, et le rusé compère
Profite des beaux jours pour faire son affaire
    Et s'enrichir en vrai larron.
Quand il a seul gagné, sur la chance commune,
Il laisse à l'associé la perte et l'infortune
    Et fait liquider la maison.
Aigrefin et renard méritent même nom.

LIVRE III (FABLE 6).

L'AIGLE, LA LAIE ET LA CHATTE.

De très mauvais voisins, cette chatte est l'emblême ;
Gardons qu'un sort pareil nous arrive à nous-même

Et sachons discerner d'un perfide voisin
Toute embûche secrète et tout mauvais dessein.
(Voisines, en ce point, ne sont pas moins à craindre,
Car les femmes surtout sont habiles à feindre).
Amis intelligents, sachez vous concerter
Pour déjouer la ruse et la bien molester ;
L'aigle doit lui donner un fort coup de son aile
Et la laie, à son tour, l'étreindre de plus belle ;
Je ne veux pas qu'on frappe à la faire mourir,
Mais bien qu'on la châtie, afin de la punir.

LIVRE III (FABLE 7).

L'IVROGNE ET SA FEMME.

Quoiqu'on fasse, l'ivrogne, en toute occasion,
N'a qu'un but, qu'un désir : servir sa passion.
N'allons pas contracter cette ignoble habitude ;
De ce penchant honteux, craignons la servitude.

LIVRE III (FABLE 8).

LA GOUTTE ET L'ARAIGNÉE.

Mais, comme leur présence est toujours importune,
Forçons-les pour qu'ailleurs elles cherchent fortune.
De l'araignée il faut les toiles balayer
Et très-souvent les nettoyer ;
Il faut faire marcher la goutte,
Afin que, fatiguée, elle nous quitte en route.
Ainsi, par notre activité,
Nous nous délivrerons de leur société.

LIVRE III (FABLE 9).

LE LOUP ET LA CIGOGNE.

Quand un méchant s'abstient de vous faire du mal,
Il vous traite en ami. — C'est un bienfait frugal !

LIVRE III (FABLE 11).

LE RENARD ET LES RAISINS.

Quand leurs désirs ne sont pas satisfaits,
Certaines gens affectent de médire
De ce qui fait l'objet de leurs souhaits.
Au fond du cœur chacun ne fait qu'en rire,
Car on sait bien que ce fâcheux dédin,
Sert d'antiphrase à leur cuisant chagrin.
Ils feraient mieux de penser sans rien dire.

LIVRE III (FABLE 12).

LE CYGNE ET LE CUISINIER.

Que de cygnes pourtant ont vu tomber leur tête
Par le couteau sanglant, et bien plus par la faim!
Ce pauvre cuisinier s'émeut pour une bête;
Poètes de nos jours ont un pire destin :
Un peuple indifférent que leur muse aime et fête,
    Les voit, sombrant sous la tempête,
Entourés de douleurs, s'avancer vers leur fin!

LIVRE III (FABLE 13).

LES LOUPS ET LES BREBIS.

Parmi tous les progrès accomplis en notre âge,
Je vois que chaque jour l'homme est moins vicieux;
On peut faire avec tous une paix sûre et sage...
    Je n'excepte que l'envieux.

LIVRE III (FABLE 14).

LE LION DEVENU VIEUX.

    Quand nous tombons dans le malheur,
    L'insulte d'un ignoble lâche
    Nous fait le plus grand mal au cœur.
Ces gens-là font surtout de bien remplir leur tâche :
Quelquefois c'est l'ingrat qui parle au bienfaiteur !

LIVRE III (FABLE 15).

PHILOMÈNE ET PROGNÉ.

Dominé par la passion,
Par l'injustice ou par la haine,
Par l'envie ou l'ambition...
L'homme, hélas! est méchant; la chose est trop certaine.

LIVRE III (FABLE 16).

LA FEMME NOYÉE.

Le bien, dit-on, comporte violence
Et le désir du mieux a bien son exigence :
L'esprit de contradiction
Ne fait pas flotter d'autre sorte.
Une femme vouée au travail d'Ixion,
Par nature elle est douce et n'est pas la plus forte :
Une femme que guide un esprit droit et bon
N'a pas besoin d'autre sermon.

LIVRE III (FABLE 17).

LA BELETTE ENTRÉE DANS UN GRENIER.

L'homme qui naît enfant ne manque de grandir :
C'est nécessité de nature ;
Mais, si de quelques biens nous devons nous grossir,
Que ce soit par labeurs et toujours en droiture.

LIVRE III (FABLE 18).

LE CHAT ET LE VIEUX RAT.

Pourquoi, quand nous savons que telle âme perverse
A causé le déchoir de tant de malheureux,
Pourquoi persistons-nous dans un fatal commerce
Qui, tôt ou tard, pour nous deviendra ruineux.
Avec ce bon vieux rat, soupçonnons la machine
Qui doit nous perdre sûrement,
Et disons lui de loin : « Je crains trop ta farine! »
Nous agirons plus sagement.

LIVRE IV (FABLE 1).

LE LION AMOUREUX.

L'amour est souvent dangereux,
Son fou prestige nous égare ;
Il perd les jeunes et les vieux
Et fait des maux qu'on ne répare.

LIVRE IV (FABLE 2).

LE BERGER ET LA MER.

Pour craindre, de nos temps, les périls, les naufrages,
Il ne faut pas braver la mer et ses orages :
La fortune a son temple habité par les grands,
Et malheur au berger qui se mêle à leurs rangs.
Par les plus beaux hasards quelques-uns s'enrichissent,
Mais, pour quelques heureux, combien qui s'appauvrissent
Dans ce flux et reflux de revers, de progrès ,
De ruine profonde ou d'éclatants succès,
Hélas ! que de débris sont jetés sur la plage,
Car de la mer, la Bourse est une vraie image.
Ainsi que ce berger qui perdit son avoir,
Vous, humbles et petits, redoutez son pouvoir,
N'allez pas vous livrer à ses chances diverses :
Après les cours montants viennent les cours adverses
Capables d'engloutir et même en quelques jours,
Le bien qui de vos ans peut charmer l'heureux cours.
Vos fonds ont prospéré, vous êtes dans la joie ;
La fortune vous vient et le ciel vous l'envoie !
Vos achats sont bien faits ; ils se succèderont....
Prenez garde ! La baisse et les bas cours viendront....

LIVRE IV (FABLE 3).

LA MOUCHE ET LA FOURMI.

Lorsque la vanité provoque le mérite,
Le mérite finit par avoir trop raison.
Plus d'un, hélas ! croit trop cette mouche et l'imite :
Ecoutez la fourmi, mais suivez sa leçon.

LIVRE IV (FABLE 4).

LE JARDINIER ET SON SEIGNEUR.

Ce que dit Lafontaine, en ce sage discours,
Peint bien ce que plus d'un éprouve tous les jours :
Pour un dégat de rien, perte sans importance,
On crie, on veut sévir, on arme la puissance ;
Mais on voit à quel prix on trouve des garants !..,
Souffrons les petits maux, pour éviter les grands.

LIVRE IV (FABLE 5).

L'ANE ET LE PETIT CHIEN.

Chacun a ses talents, mais ils sont variés ;
    Des agréments il est de même ;
    C'est donc une sottise extrême,
D'affecter des talents qui nous sont déniés :
    Quand il monte sur des échasses,
    Un nain, n'en est pas moins un nain ;
    Quand l'éléphant fait des grimaces,
    Il n'est pas un singe malin ;
    Quand, voulant changer son système,
    Poliphême joue au tendron,
    Il a beau faire le mignon,
    Il n'en est pas moins Polyphême,
    . . . .
    D'où je conclus qu'il faut toujours
    Etre un bon ours, lorsqu'on est ours.

LIVRE IV (FABLE 8).

L'HOMME ET L'IDOLE DE BOIS.

    Il est au monde mainte idole
    De qui on peut en dire autant ;
    Leur culte est coûteux et frivole,
    On n'est heureux qu'en les quittant.

LIVRE IV (FABLE 9).

LE GEAI PARÉ DES PLUMES DU PAON.

Il est beau d'être paon, mais il vaut mieux d'être aigle :
Goûtez les bons auteurs et prenez-les pour règle,
Mais sachez qu'il n'est pas de limite au progrès :
Travaillez, méditez... vous les égalerez.

LIVRE IV (FABLE 10).

LE CHAMEAU ET LES BATONS FLOTTANTS.

Pour faire un homme de mérite,
Il ne faut ni grands airs, ni grands éclats de voix :
Ces moyens peuvent quelquefois
Capter l'attention que l'orgueil sollicite,
Mais ne peuvent se soutenir ;
Le grand homme est instruit, bon et plein de sagesse,
En tout, au bien il s'intéresse,
Et mieux on le connaît, plus on le voit grandir !

LIVRE IV (FABLE 11).

LA GRENOUILLE ET LE RAT.

Tel croit guigner Guillot que Guillot guigne en maître.
Pour si rusé qu'il soit, fourbe trouve un plus traître,
Et le mal qu'il songeait à faire contr'autrui
Devient un grand malheur qui retombe sur lui.

LIVRE IV (FABLE 13).

LE CHEVAL S'ÉTANT VOULU VENGER
DU CERF.

Craignons de nous venger, la vengeance est amère,
Elle détruit parfois l'état le plus prospère,
Elle ne peut guérir tous les maux qu'elle a faits,
ET REND LES MIEUX VENGÉS LES PLUS MAL SATISFAITS.

LIVRE IV (FABLE 14).

LE RENARD ET LE BUSTE.

Mais plus d'un grand seigneur s'est douté du proverbe
Et, pour mieux le faire mentir,
Il a, comme l'on dit, rabattu sa superbe
Et d'un très-bon savoir il a su se munir.
Il est plus doux de ne rien faire ;
Mais, par le temps qui court, s'instruire est nécessaire.
Dans ce siècle éclairé, ce n'est pas le blason,
C'est le mérite seul qui fait distinction.

LIVRE IV (FABLE 15).

LE LOUP, LA CHÈVRE ET LE CHEVREAU.

Il avait, ce chevreau, grand bon sens pour son âge :
Nous ferions bien d'avoir un esprit aussi sage,
Pour n'être pas trompés, en mainte occasion :
Nous pourrons rencontrer plus d'une circonstance
Où nous nous surprendrons agir par imprudence,
Et l'imprudence mène à la perdition :
IL FAUT TOUJOURS AVOIR PLUS D'ESPRIT QU'ON NE PENSE.

LIVRE IV (FABLE 16).

Lorsqu'une mère gronde et tance son enfant,
C'est par nécessité qu'elle fait châtiment ;
De croire à sa rigueur serait trop téméraire,
Car, même en punissant, c'est toujours une mère.

LIVRE IV (FABLE 17).

PAROLES DE SOCRATE.

A cet égard rien n'est changé ;
Comptez vos amis par centaines,
Ayez besoin d'être obligé,
Vous n'aurez d'eux argent, ni peines.

Et pourtant je dis qu'on a tort :
L'égoïsme est mauvaise ivraie ;

Ayons amitié franche et vraie,
Dans le péril tout comme au port.

LIVRE IV (FABLE 18).

LE VIEILLARD ET SES ENFANTS.

On l'a dit bien longtemps : l'Union fait la Force,
Et, lorsqu'entre parents s'établit le divorce,
Leurs plus grands intérêts sont bientôt compromis :
Tous ensemble, ils sont forts, et faibles, désunis.
L'amitié, dont chacun aime à vanter les charmes,
Contre tous les périls sert et double nos armes.
C'est en se concertant qu'on prime ses rivaux :
L'union nous conforte et console nos maux.

LIVRE IV (FABLE 19).

L'ORACLE ET L'IMPIE.

Dans notre âge de doute et d'incrédulité,
On fait trop peu de cas de la Divinité.
Comblés des dons heureux de sa munificence,
Nous doutons du Seigneur et de sa Providence :
Nous voyons cependant l'homme religieux
Etre heureux sur la terre, en attendant les cieux.

LIVRE IV (FABLE 20).

L'AVARE QUI A PERDU SON TRÉSOR.

C'est parler sagement et tout le monde approuve
Ce propos plein de sens ; quant à moi je le trouve
D'un jugement parfait à l'égard d'un trésor :
Pour qui ne s'en sert pas, à quoi sert beaucoup d'or ?
Sans doute, il ne faut pas en faire un fol usage ;
User sans abuser : tel est l'avis du sage.

LIVRE IV (FABLE 21).

L'ŒIL DU MAITRE.

D'un maître intelligent l'exacte vigilance
Vaut mieux que longs discours et grande confiance.
Voyez tout par vous-même, et ne croyez jamais
Que, livrés aux valets, vos travaux soient bien faits :
L'un traîne, l'autre oublie et l'autre ne fait guère,
Trop de beurre aux apprêts met votre ménagère...
Quand il voit par lui-même, un maître s'enrichit;
Quand il se livre aux gens, un maître s'appauvrit.

LIVRE IV (FABLE 22).

L'ALLOUETTE ET SES PETITS AVEC LE MAITRE D'UN CHAMP.

Que cette fable est bonne ! O vous, petits et grands,
Laissez-moi la redire en sincères accents ;
Voici ce qu'elle dit : Ne comptez sur nul autre
Pour vous créer un bien qui doit être le vôtre.
Chacun se dit tout bas : Moi d'abord, Dieu pour tous ;
Qui compte trop sur moi, doit aller chez les fous.
Et celui qui, chez vous, vous sourit et vous fête
Sait bien qu'il a pour vous sourire, de belette.
Ceux qui comptent sur tous ont des ennuis cuisants ;
Ils médiraient toujours, s'ils étaient médisants !
Voici conclusion : Ayez un soin extrême,
Laissez dire et chanter, mais comptez sur vous-même.

LIVRE V (FABLE 1).

LE BUCHERON ET MERCURE.

Honorez-vous toujours par votre probité,
Elle vaut mieux qu'or et richesses ;

La fortune, à pas lents, va vers l'honnêteté
Et la comble, en son temps, de biens et de largesses.

LIVRE V (FABLE 2).

LE POT DE TERRE ET LE POT DE FER.

Ah! combien de pots se brisent,
De nos jours comme autrefois,
Parce que trop ils méprisent
Et la prudence et ses lois.
Jeunes gens qui, sans fortune,
Voulez imiter les grands,
Croyez-moi bien sans rancune,
Vous vous cassez reins et dents.

LIVRE V (FABLE 3).

LE PETIT POISSON ET LE PÊCHEUR.

Qui disait l'autre jour, liant de belles gerbes,
Qu'il ne faut pas couper ses jeunes blés en herbes?
Si du petit carpeau l'on goûtait les leçons,
Nous n'aurions pour nos mets que de très-beaux poissons.
Nous grugeons, pour des riens, des récoltes superbes:

Qui gâche tout en fleurs, n'aura pas de moissons.

LIVRE V (FABLE 4).

LES OREILLES DU LIÈVRE.

Le faible a toujours tort; aisément on l'accuse;
Tout prétexte suffit pour qu'il soit sans excuse;
On le daube, on l'accable, et l'être malheureux
N'a souvent d'autre tort que d'être faible et gueux.

LIVRE V (FABLE 5).

LE RENARD AYANT LA QUEUE COUPÉE.

Ce que la gent rusée, en ce jour, rejeta,
L'espèce humaine l'adopta,

(J'entends le changement de mode);
Et depuis lors toute méthode
De s'habiller, de se tenir,
Se succède à n'en plus finir.
Comme le renard de la fable,
Chacun ayant côté blâmable,
Fait choix, pour cacher ses défauts,
De divers changements nouveaux :
Ce sont des modes sans pareilles,
Sans cesse étalant leurs merveilles,
Panniers, ballons, *et cætera*...
Coupez-vous le nez, les oreilles,
Demain la mode changera !

LIVRE V (FABLE 6).

LA VIEILLE ET LES DEUX SERVANTES.

Hélas ! ce pauvre coq n'en était pas la cause
Si cette vieille était exigeante et morose.
Pourquoi couper le coup du fidèle animal
Qui chantait, ne croyant faire ni bien ni mal.
Toute faible existence est encor protégée ;
La mort de l'innocent tôt ou tard est vengée.

Qui veut changer son sort, par moyens frauduleux,
Doit s'attendre à subir un sort plus rigoureux.

LIVRE V (FABLE 7).

Ce récit est véritable :
De nos jours encor on voit
Plus d'un esprit peu traitable,
Soufflant le chaud et le froid.

LIVRE V (FABLE 8).

LE CHEVAL ET LE LOUP.

Qui sort de son état pour en exercer d'autres,
Voulant beaucoup gagner,

S'expose à voir sur lui rouler les patenôtres
      De Dom monsieur l'huissier,
Et des grands tribunaux les vigilants apôtres,
Briser tous ses engins et ne pas l'épargner.
Agir loyalement sert mieux que tant ruser.

LIVRE V (FABLE 9).

LE LABOUREUR ET SES ENFANTS.

Le travail, c'est de l'or : il chasse la misère,
Il fait fructifier le bien héréditaire,
A l'indigent il donne une humble dignité ;
Le travail sert à tout : il fait heur et santé.

LIVRE V (FABLE 11).

LA FORTUNE ET L'ENFANT.

Nous ne prévoyons rien, et, par notre imprudence,
Nous nous attirons tous une foule de maux ;
Et puis nous accusons et le sort et la chance
En voyant s'augmenter nos peines, nos travaux.
      Combien de nous, par leur imprévoyance,
Dans le puits du malheur hélas ! se laissent choir !
      Armons-nous donc de vigilance :
EN CE MONDE IL FAUT VOIR ET MÊME UN PEU PRÉVOIR.

LIVRE V (FABLE 12).

LES MÉDECINS.

Nous accusons par trop les médecins
Qui, c'est vrai, meurent tous, et même les plus fins.
      Mais, si leur art nous console et soulage,
Pourquoi de nos brocards faire tant d'étalage ?...

LIVRE V (FABLE 13).

LA POULE AUX ŒUFS D'OR.

Plaignons-nous de ce mal, il s'accroît tous les jours ;
La Fortune aujourd'hui fait ses plus mauvais tours ,
    Surtout à ceux qui vont en bourse
    Et leur fait payer cher leur course.
Des grands aux plus petits ce mal fait des progrès.
Et l'inverse aux écus a les plus beaux succès.
Pour couper tôt ses foins, en déchet on les fane.
Colas avait un âne à bon tempérament
    Qui le servait fidèlement ;
Pour trop le charger, Colas perdit son âne.
Et ces bœufs de grand prix et ce trop bon cheval
Que son maître creva, plus sot que animal !...
Et ces champs hérités et ces grandes richesses
Qu'on prodigue en galas , quelquefois en bassesses...
— En ce temps, que l'on dit grand rechercheur de l'or,
Chacun , à sa façon, gaspille son trésor.

LIVRE V (FABLE 14).

L'ANE PORTANT DES RELIQUES.

Voilà pourquoi, bel enfant,
Il faut prendre peine ardue,
Afin qu'en vous, on salue
Un magistrat bien savant.

LIVRE V (FABLE 15).

LE CERF ET LA VIGNE.

Au sein de l'humaine espèce,
On ne voit que trop de fois
Plus d'une langue traîtresse
Braver les plus saintes lois :

Lois de la reconnaissance,
Lois d'honneur et d'équité,
Lois de pure bienfaisance
Que brave un lâche éhonté.

Mais quand le destin désigne
Cet ingrat à la douleur,
Aucune feuille de vigne
Ne vient cacher son malheur.

LIVRE V (FABLE 16).

LE SERPENT ET LA LIME.

Les serpents de nos jours et leur bassesse infime,
Dans leur âcre venin, savent mieux raisonner :
Sachant bien qu'on ne peut mordre sur une lime,
Ils ont soin de l'empoisonner.

LIVRE V (FABLE 17).

LE LIÈVRE ET LA PERDRIX.

Nous nous faisons un jeu des maux cruels d'autrui
Et souvent notre perte est tout aussi prochaine :
Tel qui croit son voisin plus débile que lui
Va l'attendre, en mourant, dans la vallée au chêne.

LIVRE V (FABLE 18).

L'AIGLE ET LE HIBOU.

Bons parents, c'est bien vous que tout ceci regarde :
Vous choyez vos enfants, bien plus , vous les gâtez :
    Leurs défauts sont des qualités ;
Ces défauts vont grandir et vous n'y prenez garde.
Aussi, quand loin de vous, vous voulez les placer,
    A vos portraits, on ne peut les connaître ;
Ils sont grossiers ; et, quelqu'il soit, un maître
En les voyant, commence à s'en lasser.

LIVRE V (FABLE 20).

L'OURS ET LES DEUX COMPAGNONS.

Notre siècle pourtant sait fort bien se passer
De la morale et de la fable,
Et jamais on n'a vu de siècle plus damnable
Vendre la peau de l'ours et la faire classer
Dans le taux le plus favorable.
Aussi chaque jour nous apprend
Quelque nouveau succès de la gent accusable,
Dans l'écheveau fort embrouillé ;
Car l'ours n'est pas même empaillé,
Et, pour ses acquéreurs, se montre peu traitable.
On vante fort sa peau ; mais le grand différend
C'est que, lorsqu'on y va, le gaillard se défend.

D'ours n'achetez la peau qu'elle ne soit sur table.

LIVRE V (FABLE 21).

L'ANE VÊTU DE LA PEAU DU LION.

La modestie est un bel ornement ;
C'est la vertu des gens d'élite,
Mais s'emparer arrogamment
Des hauts insignes du mérite
Lorsqu'on n'est qu'un sot ignorant :
C'est là ce qui choque et dépite,
Et chacun, dans son cœur, fustige l'insolent.

Soyons instruits, sensés, vertueux simplement.

LIVRE VI (FABLE 1).

LE PATRE ET LE LION.

Ne nous étonnons pas de la métamorphose
Dont ce pâtre matois nous offre le profil :

Il en est ainsi du péril,
Si de loin ce n'est rien, de près c'est quelque chose !

LIVRE VI (FABLE 2).

LE LION ET LE CHASSEUR.

Ce qui fait un grand cœur ce n'est pas la bravade,
Ni l'escrime, ni l'estocade :
C'est la fermeté d'âme avecque la raison.
L'homme brave n'est pas un bruyant fanfaron ;
Aucun péril, pour lui, ne dépasse sa taille ;
L'autre se met au lit en un jour de bataille.

LIVRE VI (FABLE 3).

PHÉBUS ET BORÉE.

Quand vous avez à contester,
Gardez-vous de vous emporter,
De parler avec violence :
Etablissez vos droits, démontrez leur pouvoir
Par la raison et la science ;
Quand la justice appuie un droit qu'on fait valoir,
La douceur est une puissance.

LIVRE VI (FABLE 4).

JUPITER ET LE MÉTAYER.

Rendons grâces à Dieu, dans sa bonté suprême ;
Il sait ce qu'il nous faut, et bien mieux que nous-même :
Pour mettre tout le monde en la confusion,
Il suffirait de faire à chacun sa saison.

LIVRE VI (FABLE 8).

LE VIEILLARD ET L'ANE.

Mais, si le maître est bon, bienfaisant, tutélaire,
C'est pour nous un ami, sachons en convenir ;

Puisque, pour nous conduire, un maître est nécessaire,
En changer constamment, c'est par trop téméraire,
Nous pourrions nous en repentir.

LIVRE VI (FABLE 9).

LE CERF SE VOYANT DANS L'EAU.

Redoutons de ce cerf la folle vanité;
Nous sommes tous ainsi faits par nature,
Notre taille, nos biens, nos talents, la figure
Entretiennent en nous notre frivolité.
Dans ce monde, rempli d'épreuves si diverses,
Un seul bien peut, pour nous, assurer le bonheur,
Assurer nos succès, dans toutes nos traverses:
C'est la sage vertu qui croît dans un bon cœur.

LIVRE VI (FABLE 10).

LE LIÈVRE ET LA TORTUE.

Ceci s'adresse à vous, ô jeunes gens frivoles,
Qui vous faites un jeu des labeurs des écoles.
Vous voyez, près de vous, plus d'un esprit bien bas,
Vous dites : qu'il travaille! il ne me suivra pas!
Et vous vous rassurez sur vos talents précoces.
Vous prenez vos ébats et vous faites des noces :
Tandis que cet esprit âpre et persévérant,
Par le travail supplée à son faible talent:
Il veille, il étudie, il cherche, il s'évertue:
Il devient un phénix!... Vous restez... la tortue.

LIVRE VI (FABLE 11).

L'ANE ET SES MAITRES.

Sachons nous contenter du sort que nous avons,
En songeant que partout nous trouverons des peines :
Nous deviendrons heureux dans nos conditions,
Par l'ordre et le travail, et si bien nous savons
Raisonner en vrai sage et supporter nos chaînes.

LIVRE VI (FABLE 13).

LE VILLAGEOIS ET LE SERPENT.

Recevons tout bienfait comme un présent des cieux
Et dans le bienfaiteur, voyons la Providence ;
Notre cœur, inspiré par la reconnaissance,
Saura par sa bonté se rendre encore heureux.
On secourt volontiers l'être bon, vertueux,
Mais on maudit toujours l'ingrat et son offense.

LIVRE VI (FABLE 15).

L'OISELEUR, L'AUTOUR ET L'ALOUETTE.

Sachons avoir pitié d'un pauvre malheureux,
Et ne l'accablons pas dans sa détresse extrême,
Si nous ne voulons pas qu'un destin rigoureux
Nous fasse un sort pareil, nous accablant nous-même.

LIVRE VI (FABLE 16).

LE CHEVAL ET L'ANE.

Soulageons nos parents, surtout dans leur vieillesse,
Et ne les laissons pas s'épuiser en efforts ;
    Nous verrons, lorsqu'ils seront morts,
Combien est rude et lourd le faix qui les oppresse.

LIVRE VI (FABLE 17).

LE CHIEN QUI LACHE SA PROIE
POUR L'OMBRE.

Jeunes gens de nos temps se laissent trop séduire
Par le fantôme vain d'un savoir trop hâté :
Au lieu des grands travaux qu'il leur faudrait poursuivre,
Ils ne font qu'effleurer, aimant leur liberté.

Mais, au lieu de ce fonds de doctrine profonde
Qui fait le vrai savant et non les vains dehors,
Leur vernis brillanté disparaît dans le monde,
Et de science ils n'ont ni l'ombre, ni le corps.

LIVRE VI (FABLE 18).

LE CHARRETIER EMBOURBÉ.

Combien de jeunes gens qui, depuis leur enfance,
Ne sachant faire rien que vivre dans l'aisance,
Devenus par long temps et très-forts et très-grands,
Ne cessent d'invoquer Hercule (leurs parents).
On leur donne un état, on se gêne, on s'épuise :
Ces messieurs sont très-fiers : conseils, on les méprise ;
Bons avis sont perdus, et les sages raisons
Sont de ces vieilles gens d'insipides sermons.
En toute occasion, dans toute circonstance,
Il faut agir pour eux, comme dans leur enfance,
Et puis, il vient un jour où parents ruinés
Et leur fils obéré, se trouvent nez à nez.

Jeunes gens, écoutez le conseil qu'on vous donne :
Aidez-vous ! et n'ayez plus besoin de personne.

LIVRE VI (FABLE 19).

LE CHARLATAN.

Un charlatan peut bien promettre
Ce que point il ne peut tenir :
Entre nous il faut convenir,
Qu'en mauvaise foi c'est d'un maître.
Quant à manger, boire et se réjouir,
Cette morale est bien ignoble.
Au lieu de nous gorger de viande et de vignoble,
Songeons qu'il nous faudra mourir
Pour voir ce jour des cieux qui ne doit pas finir !

LIVRE VI (FABLE 20).

LA DISCORDE.

Pourtant on voit des cœurs unis et fort heureux
Vivre dans l'hyménée en parfaite concorde :
S'il en est quelques-uns qui logent la Discorde
Ce sont des sots ou bien des gueux,
Et, le plus souvent, tous les deux.

LIVRE VII (FABLE 1).

LES ANIMAUX MALADES DE LA PESTE.

C'était bon au vieux temps, quand la faveur vénale
S'affichait dans les cours, étalant le scandale ;
Dans ces temps reculés ou la mauvaise foi
Des *us* mal définis, pouvait changer la loi.
Mais, depuis que le code a réglé la justice,
Aux droits de l'honnête homme elle est toujours propice.

LIVRE VII (FABLE 2).

LE MAL MARIÉ.

Une femme qui veut bien régir et bien faire,
Peut d'un mari quinteux s'attirer la colère ;
Mais pourtant n'allons pas toujours lui donner tort,
Sachons lui gré plutôt de son louable effort,
De ses attentions et de sa vigilance.
Son cœur, pour sa maison, est une providence.
Une femme légère à qui tout est égal,
Souvent mène un mari tout droit à l'hôpital.

LIVRE VII (FABLE 3).

LE HÉRON.

Quand le bonheur nous vient, il faut savoir le prendre,
Qui veut toujours le mieux pourra longtemps attendre.
La fortune est quinteuse, elle marche à grands pas ;
Si nous ne l'acceptons, elle ne revient pas.

LIVRE VII (FABLE 6).

LES VAUTOURS ET LES PIGEONS

Chacun agit selon son caractère :
Gens trop hargneux, de tracassière humeur,
Souvent entr'eux, pour rien, se font la guerre ;
Mais n'allez pas apaiser leur fureur
De peur de tomber sous leur serre.

LIVRE VII (FABLE 8).

LA LAITIÈRE ET LE POT AU LAIT.

Tout beau rêve est trompeur, craignons-en l'influence ;
Après des rêves d'or, on meurt dans l'indigence :
Si l'on veut, en ce monde, au bonheur arriver,
Il faut agir et non rêver.

LIVRE VII (FABLE 9.)

L'HOMME QUI COURT APRÈS LA FORTUNE ET L'HOMME QUI L'ATTEND DANS SON LIT.

L'ardente ambition s'agite et se démène,
Et sans fruit, quelquefois perd son temps et sa peine ;
Ce ne sont pas toujours les voyages lointains
Qui nous rendent plus riche, et changent nos destins.

Patience, travail, sagesse peu commune ;
Voilà le vrai chemin qui mène à la fortune.

LIVRE VII (FABLE 11).

LES DEVINERESSES.

La vogue est difficile à faire ;
Le docteur éclairé, l'esprit le plus sincère
L'acquièrent difficilement.
Parfois pourtant on voit un sot plein d'ignorance
Par des appas grossiers capter la confiance,
Faire accourir la foule et vivre richement ;
Tandis que l'homme instruit meurt dans l'isolement.

LIVRE VII (FABLE 12).

LE CHAT LA BELETTE ET LE PETIT LAPIN.

Et combien d'entre nous de qui l'humeur hargneuse
Va tenter des procès la chance périlleuse
Se font ainsi croquer quoiqu'ils s'en doutent bien ;
Ils y vont la main pleine et reviennent sans rien;
Ne feraient-ils pas mieux de mener vie heureuse ?

LIVRE VIII (FABLE 1).

LA MORT ET LE MOURANT.

L'homme est comme le chêne, il s'attache à la terre,
— Plus il vieillit, plus il y veut rester : —
Ne bornons pas notre âme à ce sol de misère,
Et, sachant qu'il faut le quitter,
Vivons bien, ayons le courage
De faire un bon départ pour un plus beau rivage.

LIVRE VIII (FABLE 2).

LE SAVETIER ET LE FINANCIER.

Non, ce n'est pas toujours dans l'or et les loisirs
Qu'on trouve le bonheur, la joie et l'allégresse :
Le travail, la santé donnent les vrais plaisirs ;
Contentement passe richesse (1).

LIVRE VIII (FABLE 5).

L'HOMME ET LA PUCE.

Beaucoup de gens sont ainsi faits :
Pour un rien, on les voit grondant comme un tonnerre ;
Pour un mot dit gaiement, ils déclarent la guerre ;
Des bagatelles sont pour eux de grands forfaits ;
Et, pour un œuf douteux, ils entrent en procès.

LIVRE VIII (FABLE 6).

LES FEMMES ET LE SECRET.

De nos jours les cancans suivent la même allure ;
Dans les cerveaux fêlés ils trouvent trop de quoi ;
   — On les nomme canards. — Pourquoi?
Je n'en sais rien, je vous l'assure.
Mais, au lieu de la femme indiscrète, étourdie,
C'est souvent le méchant qui chante et fait la pie.
   Il a de beaux succès, ma foi !
   Surtout s'il fait la calomnie.

AUTRE.

(1) Peu de gens, de nos jours, en useraient de même.
Jugeant ce savetier d'une sottise extrême,
Ils iraient déposer leur argent au Trésor.
Et puis, plus rassurés sur leurs peines présentes,
Et le cœur plein de joie, ayant accru leurs rentes,
   Ils chanteraient bien mieux encor !

LIVRE VIII (FABLE 10).

L'OURS ET L'AMATEUR DES JARDINS.

Que dire de ces fous sans raison ni prudence,
Sans cesse, en votre nom, exerçant la vengeance ;
Se disant vos amis et qui s'en vont partout
Remplissant tous les cœurs de fiel et de dégoût.

LIVRE VIII (FABLE 14).

LE COCHON, LA CHÈVRE ET LE MOUTON.

C'est fort bien si l'on veut, mais, comme un peu prévoir
Peut parfois nous sauver nos biens, notre existence,
Il est bon de veiller, de faire son pouvoir
Pour accomplir la loi d'une sage prudence.
Plus d'un s'en sauve et dit au péril : A revoir !
N'est-ce donc pas mieux fait que mourir sans espoir ?

LIVRE VIII (FABLE 12).

LE RAT ET L'ÉLÉPHANT.

Tel est le monde : un fat souvent raille et vous tance
Un puissant débonnaire et fait le fanfaron ;
Mais, tandis qu'il se pose en homme d'importance,
Le moindre coup du sort le met à la raison.

LIVRE VIII (FABLE 16).

L'ANE ET LE CHIEN.

Aide, amitié, soutien, favorable secours,
Comme vous savez bien embellir l'existence !
Qui ne vous connaît pas, passe de tristes jours,
Et souvent les termine au sein de la souffrance.

LIVRE VIII (FABLE 18).

L'AVANTAGE DE LA SCIENCE.

Oui, la science est toujours opportune ;
Souvent elle enrichit tel qui sut l'acquérir ;
Tâchons donc de nous en munir ;
De nos temps, le savoir conduit à la fortune :
C'est un trésor qu'on ne peut nous ravir.

LIVRE VIII (FABLE 20).

LE FAUCON ET LE CHAPON.

Vous tous, pleins de candeur et de simplicité,
Le monde connaît trop votre crédulité :
N'écoutez pas toujours la voix qui vous appelle ;
Redoutez, croyez-m'en, sa tendresse cruelle.
Cet accent plein de charme et plein d'illusion
En a trompé plus d'un moins fin que ce chapon.

LIVRE IX (FABLE 2).

LES DEUX PIGEONS.

Quand la sainte union, douce et bien assortie,
Fait le charme de notre vie,
Gardons-nous de quitter sans raison ce bonheur ;
Tel qui s'éloigne et fuit, va chercher la douleur,
Et, le charme rompu, rien ne le vivifie !

LIVRE IX (FABLE 9).

L'HUITRE ET LES PLAIDEURS.

Deux plaideurs, l'autre jour, même chance ont couru ;
L'un revint en chemise et l'autre était tout nu.

LIVRE IX (FABLE 8).

LE LOUP ET LE CHIEN MAIGRE.

Si ce chien avait eu l'humeur trop batailleuse,
Le loup l'eût dévoré, dans sa fureur hargneuse.
Par un plus fort que soi lorsqu'on est attaqué,
Il ne faut pas montrer un esprit trop choqué ;
Un propos de bon sens, dicté par la prudence,
Quelquefois peut sauver nos biens, notre existence.

LIVRE IX (FABLE 10).

RIEN DE TROP.

La modération est toujours la sagesse,
Elle fait le bonheur, la santé, la richesse :
Savoir user de tout et n'abuser de rien,
    Tels sont les termes du vrai bien.

LIVRE IX (FABLE 11).

LE CIERGE.

Vouloir trop imiter, fait souvent notre mal ;
Dieu nous fit à chacun un mérite inégal,
Et celui qui n'a pas la faculté requise,
    Fait bien mieux de vivre à sa guise.
Tout homme naît apte pour quelqu'emploi,
S'il s'en écarte, il tombe en désarroi.

LIVRE X (FABLE 6).

LE LOUP ET LES BERGERS.

Ermite ! — Non pas, s'il vous plaît !
Mais, s'il veut manger agnelet

Qu'il le fasse naître et le paisse.
Devons-nous donc, pour sa tendresse,
Le nourrir pour ce vilain laid ?

LIVRE X (FABLE 15).

LE MARCHAND, LE GENTILHOMME, LE PATRE ET LE FILS DE ROI.

Le grand sage a raison : aimons les arts utiles.
Un humble savetier
Vit assez bien de son métier ;
Tandis que des savants, des discoureurs habiles
Meurent de faim dans un grenier.

LIVRE XI (FABLE 2).

LE FERMIER, LE CHIEN ET LE RENARD.

Si vous êtes jamais bon père de famille
(Ce qui donne joie et bonheur),
Quand vient la nuit, ayez à cœur,
De fermer vos logis, vos grains et votre fille ;
De tout sauvegarder, n'exposant jamais rien.
Sur ce, bonsoir et dormez bien.

LIVRE XI (FABLE 4).

LE LION, LE SINGE ET LES DEUX ANES.

Le bon renom a toujours fait sa loi :
L'homme s'honore honorant ses semblables ;
La vanité rapportant tout à soi,
Voyant autrui par les côtés blâmables,
Pour bien juger est de mauvais aloi.
Souvent d'un sot la valeur est petite,

Et quoiqu'il soit toujours bardé d'orgueil,
S'attribuant à lui seul tout mérite,
Dans le public il rencontre un écueil
Qui l'avertit de changer de conduite.
Qu'un fat se prise autant qu'il le voudra,
Au noble cœur les honneurs on rendra :
C'est la vertu qui fait les gens d'élite.

LIVRE XI (FABLE 5).

LE LOUP ET LE RENARD.

La ruse de maître renard
Chaque jour se produit et s'étale avec art :
Eh! ne voyons-nous pas, sur la place commune,
Des écrits annonçant qu'on peut faire fortune?
Et cela pour bien peu d'argent!
Il s'agit d'être diligent
Et de saisir au bond l'offre qu'on vous présente!
Le succès sera grand, l'affaire est importante!
On a tout compté, mesuré,
Le bénéfice est assuré :
C'est un bénéfice incroyable!!! —
Vous croyez, vous payez, et puis...
C'est bien, tout comme dans la fable...
Un clair de lune dans un puits!...

LIVRE XI (FABLE 7).

LE VIEILLARD ET LES TROIS JEUNES HOMMES.

De nos temps, il en est de même ;
Parmi nous on voit tous les jours,
De très-beaux jeunes gens rêvant vie au long cours,
Dédaigner follement, dans leur sottise extrême,
De bons vieillards qu'ils devraient vénérer.
Et parfois ces vieillards, avec leur face blême,
Leur survivent pour les pleurer!

LIVRE XII (FABLE 4).

LES DEUX CHÈVRES.

Chacun, comme l'on dit, veut faire son chemin ;
Ce sentiment est mis en nous par la nature.
Mais, au lieu d'arrêter, de choquer son voisin,
Aidons-lui, s'il se peut, et donnons-nous la main :
Notre route en sera bien meilleure et plus sûre.

LIVRE XII (FABLE 20).

UN FOU ET UN SAGE.

Je sais plus d'un renard qui fait de telles feintes :
Lorsque d'un mal appris il reçoit les atteintes,
Il se tait, ne dit rien et garde en paix son mal,
Et, comme fort content, adresse l'animal
A qui peut contre lui se fâcher, porter plainte ;
Puis contre le rustaud parle en haine et sans crainte.

LIVRE XII (FABLE 24).

LE JUGE ARBITRE, L'HOSPITALIER ET LE SOLITAIRE.

Quel que soit notre état, nous trouverons des peines,
 Des ennuis, des désagréments ;
Nous serons méconnus. Pour nous, bien des moments
Nous feront trop sentir tout le poids de nos chaînes.
 N'en soyons point déconcertés ;
Gardons notre âme calme, ainsi qu'au temps propice.
Le peuple un jour, pour nous, montrant plus de justice,
Nous rendra tous les biens par nos soins mérités.

ÉPILOGUE.

La Fontaine, aux Champs-Elysées,
Me dit dans ses façons quelquefois mal aisées :
Eh! vous avez eu tort d'attaquer nos ouvrages,
Ils n'étaient de vos héritages
Et nous les faisions bien sans vous...
— Mon maître, apaisez vos courroux,
Lui dis-je, en lui montrant nos usages modernes :
En votre temps, vous faisiez bien chez vous ;
Mais au nôtre, j'ai cru, soit pour vous, soit pour nous,
Devoir mieux éclairer vos petites lanternes.

Rennes, typ. OBERTHUR et FILS, M^{on} à Paris.

www.ingramcontent.com/pod-product-compliance
Ingram Content Group UK Ltd.
Pitfield, Milton Keynes, MK11 3LW, UK
UKHW021134140726
13695UKWH00004B/1876